# 똥섬이 사라진대요

글 안영은 | 그림 김은경

똥 이야기 좋아해?
나도 그래.
똥에 대해선 모르는 게 없을 정도야.
그럼 혹시 '새똥섬'에 대해서도 알고 있니?
동화 속 이야기가 아니야,
신화나 전설도 물론 아니지.
이 모든 게 진짜, 진짜, 진짜라고!
자, 지도를 보여주면 믿겠어?

이 똥 이야기는
1000년 전으로 거슬러 올라가.
옛날 옛날에, '앨버트로스'란 새가 살았어.
새 중에서 날개가 가장 커다랗고,
새 중에서 가장 멀리 나는 새였지.

1~2미터

<앨버트로스>
몸길이 약 91cm.
펼친 날개 길이 약 2.1m.
흰색 몸에 검정 날개깃,
분홍빛의 커다란 부리가 특징.
우리나라에서는 나그네새로
알려짐.

바닷새 중에서 가장 큰 새.
긴 날개를 일직선으로 뻗어
바람 부는 날에는
날갯짓하지 않고도
몇 시간 동안 떠 있을 수 있음.

이 새는 여행을 참 좋아했어.
두 달 동안 지구 한 바퀴를 돌 정도로 말이야.

그런데 앨버트로스에겐 참 특이한 버릇이 있었어.
똥을 아무 데나 누지 못한다는 거야.
혹시 너도 학교에선 꾹 참았다가,
집에 와서 똥을 눈 적 있니?
이 새도 마찬가지였대.

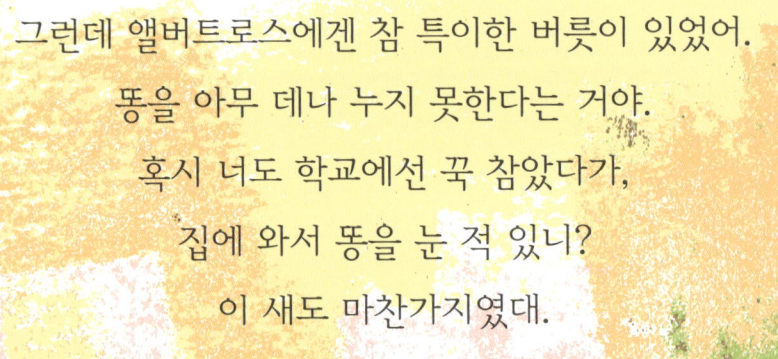

엄마 새는 똥 눌 곳을 찾아다니다가,
바다 한가운데 똥 누기 참 좋은 곳을 발견했어.
산호초들이 너울너울 춤추는 아름다운 곳이었지.
"산호초들이 가려주니까 마음 편히 똥을 눌 수 있겠어.
이제부터 똥은 이곳에 누는 거야. 알겠지?"

앨버트로스가 똥 누는 소리 들리니?
안 들린다고!
그럼 휴지심에 입을 대고 주문을 외워 봐.
"뽕뽕 뽀지직 뽕 뽀지직 뽕
뽕뽕 뽀지직 풍덩 뽀지직 풍덩
뽕뽕 후두둑 철벅 후두둑 철벅"
그게 바로 앨버트로스가 똥 누는 소리야.
똥 누는 소리가 정말 요란하지.
그 후, 새들은 먼 곳을 여행하다가도 똥 눌 때는
꼭 이곳에 가서 똥을 누었대.

그렇게 1년이 지나고,
100년이 지나고,
1000년도 훨씬 더 지나자,
새똥은 하늘에 닿을 만큼
높이 높이 쌓여갔어.
그리고 산호초와 함께
딱딱하게 굳어졌지.
그게 바로 새들의 섬, 새똥섬이야.

똥냄새가 지독하겠다고?
아니, 1000년도 더 된 똥이라 냄새는 사라졌어.
대신 새똥섬엔 달콤한 코코넛 향이 가득했대.
새똥에 콕콕 박혀있던
코코넛 씨앗들이 자라 나무가 된 거야.
나무마다 코코넛 열매가 주렁주렁 열렸지.
"이야, 이렇게 아름답고 풍요로운 섬이 있다니,
여기서 살고 싶어."
멀리서 사람들이 새똥섬을 찾아왔어.
어떤 사람은 아예 짐을 싸들고 이사를 왔지.

새들이 화를 내지 않았냐고?
새똥섬을 빼앗겼다고 말이야.
아니, 새들은 커다란 날개처럼 마음도 넓어서
새똥섬을 사람들에게 빌려주었어.
새들은 믿었거든,
사람들이 지켜줄 거라고.

그 약속은 한동안 잘 지켜졌어.
사람들은 아주 열심히 일했거든.
코코넛을 따고, 농사를 짓고, 낚시도 했지.
철썩철썩 쏴아
넘실대는 파도 소리에 맞춰
흥겹게 노래도 불렀어.

"나우루 나우루 행복한 새똥섬이여!
나우루 나우루 새들에게 감사하리.
나우루 나우루 행복한 새똥섬이여!
나우루 나우루 영원하리."

새똥섬은 세상에서 가장 행복한 섬이 되었어.
새똥섬의 비밀이 밝혀지기 전까지는 말이야.

어느 날, 새똥섬에 한 박사가 찾아왔어.
커다란 돋보기와 이상한 약품들을 잔뜩 싣고 말이야.
돋보기로 새똥을 보고 보고 또 보고,
이상한 약품을 새똥에 섞고 섞고 또 섞더니,
이렇게 외치는 거야.
"놀라워요. 이 새똥은 보통 똥이 아닙니다.
세상에서 가장 비싼 똥이라고요."

똥이 비싸다니, 이렇게 황당한 이야기 들어봤어?
거봐, 내가 처음부터 그랬잖아.
뻔한 똥 이야기가 아니라고.

새똥섬은 알다시피
앨버트로스의 똥으로 만들어진 섬이잖아.
그런데 새똥과 산호초가 함께 굳어지면서
아주 특별한 똥으로 변했다는 거야.
박사는 그 똥을 '인광석'이라고 불렀지.
"인광석으로 만든 비료를 땅에 뿌리면,
못 쓰는 땅도 농사짓기 좋은 땅으로 변하게 됩니다.
이건 금덩어리보다 비싼 똥이에요."

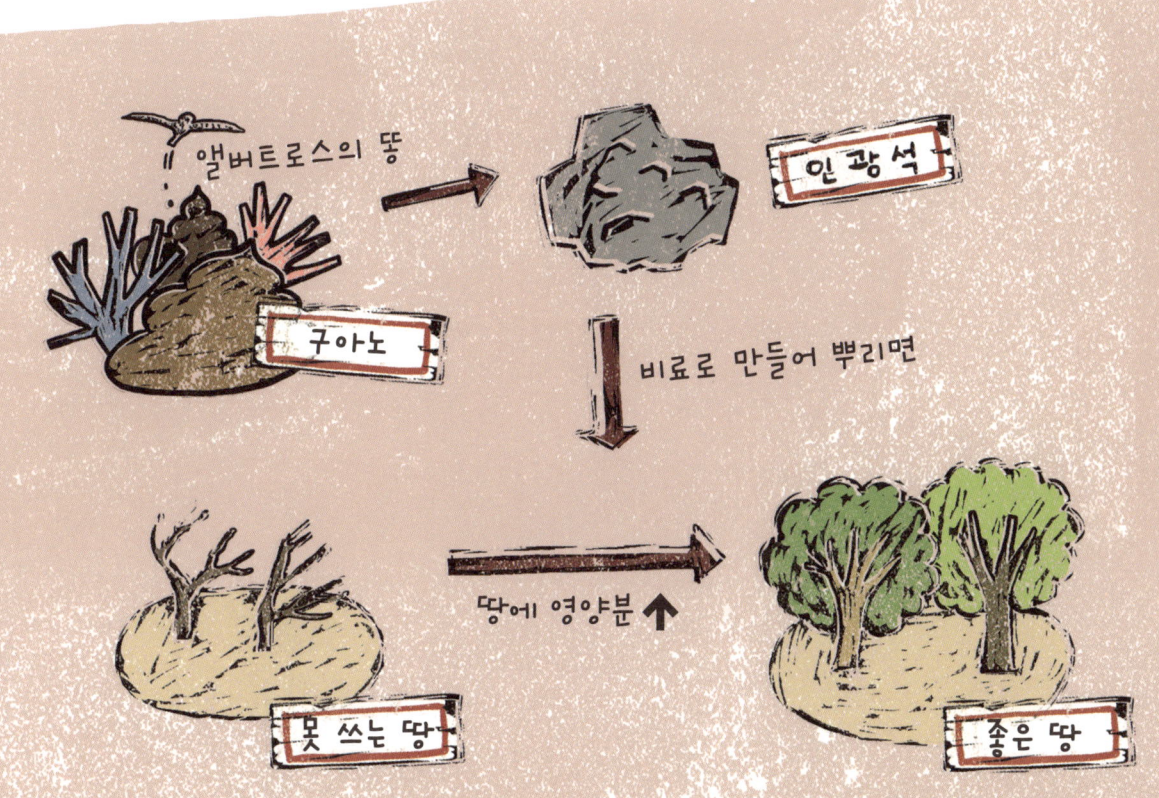

여러 나라 사람들이 배에 돈을 가득 싣고 찾아왔어.
너도나도 새똥을 사겠다고 아우성이었지.
새똥섬 사람들은 어리둥절했어.
사실 돈이 없어도 그동안 행복했거든.
하지만 다른 나라 사람들의 생각은 달랐어.
"돈이 많으면 멋진 옷도 마음대로 살 수 있어요."
"쌩쌩 달리는 자동차도,
으리으리한 집도 몇 채씩 살 수 있지요."
"맞아요. 돈은 많으면 많을수록 행복하다고요."

결국, 사람들은 새똥을 팔기 시작했어.
뭐 흔하디 흔한 게 새똥이었으니까, 어려운 일도 아니었지.

새똥섬은 이제 세상에서 가장 돈 많은 나라가 되었어.
집 안이 돈으로 가득 차서
집 밖에 베개를 놓고 자야 할 정도였어.
돈을 넣을 창고도 몇 개나 지어야 했지.
하지만 문제가 생겼어.
창고를 지을 일꾼이 아무도 없는 거야.
새똥섬 사람들은 모두 돈을 쓰느라 바빴거든.
아무도 일을 하지 않았어.
결국 다른 나라 사람을 불러와 일을 시켜야 했지.

새똥섬 사람들은 이웃집에서 배를 사면,
그보다 더 큰 요트를 사고.
이웃집에서 집을 새로 지으면,
그보다 더 큰 집을 짓고.
이웃집에서 차를 사면,
그보다 더 큰 차를 샀어.
그래서 자동차가 가족 수보다 더 많은 집도 생겼어.

새똥섬 사람들은 연필 한 자루를 새로 살 때도
다른 나라로 쇼핑을 갔어.
그뿐이 아니야.
꼭 필요한 물건인지 따져보지도 않고
마구 사들였지.
쓰지도 않고 버리는 물건들이 점점 길에 쌓여갔어.

차를 타고 가다가 기름이 떨어지면,
차를 버리고 새 차를 사러 갔어.
길가엔 버려진 차들이 쌓여갔지.
길에 쓰레기가 쌓여가도
아무도 치우는 사람이 없었어.

새똥섬에 자동차가 많아지자,
공기도 나빠졌어.
코코넛 나무들이 있던 자리엔
높은 건물들이 빼곡히 들어섰지.
공기는 점점 탁해져서 숨을 쉬기 힘들었어.
새똥섬은 점점 황폐해져 갔지.

새똥도 바닥을 드러냈어.
10년 넘게 새똥을 팔고 또 팔았더니,
더는 팔 새똥이 없어져 버린 거야.
새똥을 사러 오던 사람들도,
새똥섬에 일하러 오던 사람들도,
모두 발길을 뚝 끊어 버렸지.

이제 새똥섬은 세상에서 가장 가난한 나라가 되었어.
새똥섬 사람들은 어찌할 바를 몰랐지.
오랫동안 일하지 않고 놀기만 했기 때문에
일하는 방법을 잊어버렸거든.
농사짓는 방법도,
운전하는 방법도,
심지어 아기 돌보는 방법까지 까맣게 잊어버린 거야.

새똥섬 사람들은 시름시름 앓기 시작했어.
그동안 일하지 않고 먹기만 했기 때문에
병이 든 사람이 많아졌거든.
너무 뚱뚱해져 집 밖으로 나오지 못하는 사람도 생겼어.
새똥섬 사람들은 이제 아무도 웃지 않았어.
더 이상 노래를 부르는 사람도 없었지.

어느 날, 새 한 마리가 새똥섬에 날아들었어.
커다란 날개를 가진 새, 앨버트로스였지.
앨버트로스는 새똥섬을 휘이휘이 돌며 슬프게 울어댔어.
황폐해진 섬을 보고 슬퍼하는 것 같았지.

우리가 다시 새똥섬에 똥을 누면 되지 않냐고요? 앨버트로스도 지구 환경이 점점 파괴되면서 사라지고 있답니다.

사람들은 눈물을 흘렸어.
새들에게 너무 미안했거든.
새똥섬은 원래 새들의 섬이었잖아.
더 살기 좋게 만들어 달라고
사람들에게 빌려주었던 건데,
섬이 황폐해지고 말았으니까.

그때 한 소년이 새들을 향해 달리기 시작했어.
작은 목소리로 노래하면서 말이야.

"나우루 나우루 행복한 새똥섬이여!
나우루 나우루 새들에게 감사하리.
나우루 나우루 행복한 새똥섬이여!
나우루 나우루 영원하리."

새똥섬 사람들이 하나둘씩 일어났어.
서로 손에 손을 잡고 희망을 노래하기 시작했지.
그런데 새똥섬 사람들 말이야.
옛날처럼 다시 행복해질 수 있을까?
꼭 그랬으면 좋겠어. 꼭!

# 새똥섬이 궁금해!

안녕! 난 지구야. 똥 이야기 재미있었니?
새똥섬은 나, 지구가 가장 사랑하는 섬이야.
나도 똥 이야기를 좋아하거든.

### 지금은 어떻게 되었을까요?

슬프게도 새똥섬은 점점 가라앉고 있어요. 사람들이 새똥을 모두 퍼가는 바람에 섬 높이가 낮아졌기 때문이지요. 게다가 지구 온난화로 수면(바다 높이)이 점점 더 높아지고 있대요. 머지않아 새똥섬 전체가 바다에 잠겨 버릴지도 모른답니다.

### 새똥섬은 왜 이렇게 되었을까요?

새똥의 소중함을 알지 못하고, 함부로 마구 써버렸기 때문이에요. 새똥섬 뿐만 아니라, 지구도 자원이 끝없이 나오는 마법의 보물창고가 아니랍니다. 인간이 100살 정도밖에 살지 못하는 것처럼 지구의 자원도 마찬가지예요. 석탄과 석유 같은 화석 연료는 그 양이 한정돼 있어서 언젠가는 바닥나게 된답니다.

## 자원이 다 없어지면 어떻게 될까요?

우리가 타고 다니는 버스나 지하철은 물론, 불을 켜는 전기도 사용할 수 없게 돼요. 전기를 사용할 수 없으면 공장들은 기계를 돌리지 못하게 되고, 그럼 우리가 쓰는 수많은 물건도 만들지 못하게 되지요. 결국 지구에는 아주 큰 혼란이 오게 될 거예요.

지구와 손가락 걸고 꼭꼭 약속, 도장 꾹!

## 지구랑 약속해요!

자원을 지키려면 어떻게 해야 할까요?

① 냉장고는 꼭 필요할 때만 열기로 약속!
② 여름에는 에어컨 대신 부채나 선풍기를 쓰기로 약속!
③ 겨울에는 전기난로 대신 내복을 입기로 약속!
④ 목욕할 때는 샤워기를 이용해 물을 아껴 쓰기로 약속!
⑤ 쓰지 않는 빈방에 불을 껐는지 확인하기로 약속!
⑥ 쓰지 않는 컴퓨터나 전기 제품의 플러그를 빼기로 약속!
⑦ 작아서 입지 못하게 된 옷은 버리지 않고, 필요한 사람에게 주기로 약속!
⑧ 화장지나 휴지, 공책은 가능하면 재생지로 만든 것을 사용하기로 약속!
⑨ 가까운 곳은 자동차 대신 자전거를 타기로 약속!

플러그만 빼도 1년 중 한 달은 전기를 공짜로 쓰는 효과가 있어요!

초판 7쇄 2023년 4월 26일
초판 1쇄 2015년 7월 25일

**글** 안영은 | **그림** 김은경
**펴낸이** 정태선
**기획·편집** 안경란, 정애영 | **디자인** 한민혜
**펴낸곳** 파란정원
**출판등록** 제395-2010-000070호
**주소** 서울특별시 은평구 가좌로 175, 5층
**전화** 02-6925-1628 | **팩스** 02-723-1629
**제조국** 대한민국 | **사용연령** 8세 이상 어린이
**홈페이지** www.bluegarden.kr | **전자우편** eatingbooks@naver.com
**종이** 다올페이퍼 | **인쇄** 조일문화인쇄사

글ⓒ2015 안영은
ISBN 978-89-94813-80-6  73810

이 책은 저작권법에 따라 보호받는 저작물이므로 무단 전재와 무단 복제를 금지하며,
이 책 내용의 전부 또는 일부를 이용하려면 반드시 저작권자와 파란정원(자매사 책먹는아이·새를기다리는숲)의 동의를 얻어야 합니다.
*잘못된 책은 구입하신 서점에서 바꿔 드립니다.